AF124980

Marion Jana Goeritz

Durchreisen

Bibliografische Information der Deutschen Nationalbibliothek:

Die Deutsche Nationalbibliothek verzeichnet diese Publikation in der Deutschen Nationalbibliografie; detaillierte bibliografische Daten sind im Internet über http://dnb.dnb.de abrufbar.

Herstellung und Verlag: BoD – Books on Demand, Norderstedt

ISBN: 978-3-7386-5903-0

Herzlich Willkommen

liebe Leser,

wer gern reist, durchstreift Länder, Städte, Kontinente.

Meist sprechen wir dann vom Hier und Jetzt. Doch durchreisen wir unser Leben, erinnern wir uns an Gedanken und Gefühle von einst.

Das können wir freudig tun, aber auch um Situationen und Begegnungen für uns aufzuarbeiten, um diese dann friedvoll gehen zu lassen. Denn im Gegensatz zu manch anderen, glaube ich, das wir erst unseren inneren Frieden wirklich gefunden haben, wenn wir das, was in unserer Seele nagt, für uns geklärt haben.

Herzlichst

Marion Jana Goeritz

Ist er bei ihr,

so lebt ihre Liebe,

weil seine Welt die ihre küsst.

Sie sind nun wer anders,

weil ihre Welt,

jetzt größer ist.

Ist sie bei ihm,

so lebt ihre Liebe,

alles ist gut, so wie es ist.

Ängste einfach aufgelöst,

denn Mut erwuchs aus ihnen.

Sind sie beisammen,

erstrahlt die Welt,

alles ist bunter,

alles ist hell!

Es hüpfen zwei Seelen.

Zwei friedvolle Herzen.

Zwei Menschen in Liebe.

Was könnte es

Schöneres geben?

Meine Schatten glänzen,

meine Schatten,

sie glänzen nicht mehr.

Sind sie vergangen,

beim Gehen?

Beim Beschreiten der Wege,
zu vielen Zeiten,

die zu einer breiten Straße
führten?

Meine Angst glänzt,

meine Angst,

sie glänzt nicht mehr.

Ist sie

verloren gegangen unterwegs,

beim Sehen und Staunen,

beim Erleben und Fühlen,

das mich

zur meiner Liebe führte?

Mein Zweifel glänzt,

mein Zweifel,

er glänzt nicht mehr.

Ist er zerrüttet

im Jetzt und Hier?

Beim Denken

und Überlegen,

beim Vertrauen fühlen,

auf meinen Wegen?

Und

die breite Straße,

gehört sie mir?

Meine Liebe,

glänzt sie noch nicht?

Meine Liebe, sie glänzt.

Habe ich sie gefunden,

behalte ich sie bei mir,

auf meiner Straße,

die ich nun gehe,

nichts war umsonst,

nichts war verkehrt !

☼

Erzählt die Liebe,

dann in Bänden!

Geschrieben steht es,

nah bei ihr,

ohne sie in Besitz zu nehmen,

spricht sie leise,

von ihm zu ihr.

Sie rekelt sich

am Morgen schon,

beim ersten Sonnenstrahl!

Sie steht jedoch,

noch vor ihr auf,

warum, ist doch egal!

Sie zeigt ihr ,

ihre Schönheit auch,

nicht nur im Gefühl!

Sie lacht mit ihr

und hört nie auf,

sie sind sich ja so nah.

Erzählt die Liebe,

dann in Bänden!

Gebunden in ein weißes Tuch,

mit rosa Schleife festgehalten,

doch, es ist nicht nur

ein Buch.

Und lauscht sie hinein,

in ihr Gefühl,

erzählt es auch in Bänden.

Sie lassen sich einfach

nicht mehr los,

sie haben sich gefunden!

Falsch gedacht!

Noch nie

habe ich mich

verbiegen lassen!

Meine Seele aufrecht,

und war sie auch mal

auf anderen Pfaden,

sah ich viel,

denn ich sah dich.

Doch ich

kehrte zurück zu mir!

Falsch gedacht!

Ich habe mich nie

verraten lassen!

Das tat ich lieber selbst!

So habe ich auch

dann laut gesprochen,

wisst ihr,

da war ich mal nicht

ich selbst!

Falsch gedacht!

Ich kann vieles lesen!

So las ich

in manchem Seelenbuch.

Manchmal

hatte ich es nicht verstanden,

doch jeder

hat seinen eigenen Weg.

Falsch gedacht!

Ich bin nicht wie du!

Auch

wenn du es gern

glauben magst.

Doch, wenn du mich fragst,
was ich in dir lese?

Liebe ist es,

die du noch nicht lebst.

☼

Unsagbar traurig,

war sie an diesem Tag,

so viele Tränen

wohnten in ihr.

Wann sie versiegten,

sie kann es nicht sagen,

dazu braucht es etwas mehr.

Unsagbar angstvoll,

war sie an diesem Tag,

Angst vor dem Ende,

und es war nah.

Doch wo sie die Grenzen

ihres Lebens noch fühlte,

war alles anders

mit einem Mal.

Alles war nichtig,

jeder Streit, manches Wort,

alles zu viel,

nur eines blieb ihr noch.

Wichtig, nur sie selbst

in diesem einen Moment,

dort,

wo der Himmel ihr

die warme Sonne schenkt.

(für meine Mutti)

Das Bunte unsortiert?

Sie springen hinein!

Das Laute, zu laut?

Sie schweigen.

Das Leise, zu still?

Sie genießen auch.

Vertrauen darauf,

das sie bleiben!

Weil sie erfahren haben,

wer sie sind!

Sie werden gefragt?

Sie antworten ehrlich!

Sie werden verstanden?

Sie können erklären.

Ihr Gegenüber schweigt still?

Sie fragen auch,

weil sie erfahren haben,

wer sie sind!

Hinter Mauern

begrenzte Gedankenkreise!

Wiederkehrend, wartend auf
das Himmelsblau?

Sprechen leise auf ihre Weise.

Doch Gedeihend besser

in Freiheit nur!

Und ist das Grün

am Erblühen,

wächst in uns

die Hoffnung auch,

einmal

wird es anders werden,

die Mauer

ist nur noch halb so hoch.

Schritt für Schritt

begehen sie,

zögernd, langsam,

schneller auch,

ihre Wege

und vielleicht erkennen sie,

Gedanken

die sie weiterbringen,

werden auch erlebbar.

Graue Wolken

versperren die Sicht,

hinauf

zum großen Himmelszelt?

Tropfen

berühren weiche Haut!

Der Schirm zu Hause

und der Vorhang fällt?

Das Stück hat begonnen

und ob es lohnt, liegt an uns!

An wem denn sonst?

Leise Schritte,

grauer Asphalt,

Stille wird durchbrochen.

Gedanke,

der schon wieder kreist,

sucht die Antwort noch.

Warum nur,

muss sie sich beweisen?

Weshalb

kann es nicht einfach sein?

Und, weshalb kann sie

von diesen Kreisen,

nicht einen Gedanken

nur verstehen?

Leise Schritte,

grauer Asphalt.

Stille wird durchbrochen.

Zu laut,

um ins Gefühl zu schauen?

Darum bleibt sie kurz stehen.

Am Ufer

zeigt der Spiegel ihr,

so manches neue Blatt.

Sie weiß nun,

sie muss anders sein,

sonst hat es keinen Zweck.

Leise Schritte,

grauer Asphalt.

Stille wird durchbrochen.

Umhüllt von Liebe

geht sie nun,

zu ihm, der auf sie wartet.

☼

Farbenspiel im Seelensee,

Flammenmeer des Himmels.

Ruhig, ja fast still,

Erinnerung des Morgens.

Bewegte Farben,

Wellen sacht,

ohne jegliches Getose.

Alles kann dich leben lassen,

ging auch

ein Traum verloren.

Perlengesang,

er klingt so schön,

aus der Tiefe Glanz empor.

Leise Farben

wachsen zum Licht,

was das Dunkel

so verspricht?

Heute können wir verstehen,

der Friede, ist das Licht.

Ein Wort, das Liebe spricht,

findet immer seinen Weg!

Ist die Nacht auch ohne Licht,
der Tag erzählt ihr davon.

Berührt der Mensch

Seelentief,

schenkt er dem anderen

einen Ozean,

aus dem er birgt,

sein Gold und Silber.

Reichtum ist entfacht!

Leise Schritte vom Ufer weg.

Im Wasser

spiegeln sich Sterne.

Lichtermeer

längst entzündet.

Was wüsste er so gerne?

Ein Ufo schwebt

in der Umlaufbahn?

Der Mann im Mond,

ist eine Frau?

Vergessen?

Nein, das fällt ihm schwer.

Seelentief. Zu spät!

Doch eine Chance

gäbe es noch!

Der Sturm von einst,

war nur der Wind.

Laternenglanz,

oder Lichtermeer?

Ist er für wen bestimmt?

Manchmal glaubte sie,

das Licht der Welt

rückte an den Rand.

In ihr

offenbarte sich eine Sicht,

vieles schien aus der Balance.

Doch sieben Lichter

holten sie ein!

War sie die Herrin

über ihr Sein?

Manchmal glaubte sie,

das Licht der Welt

fiele von ihr.

Angst,

im Dunkel vergessen zu sein.

Doch sieben Lichter

holten sie ein!

Sie ist die Wärme,

sie ist ihr Sein!

Manchmal glaubte sie,

das Licht der Welt

sei umgeben von Stürmen,

die es ihr schwer machten, zu
verstehen.

Doch als sie im Auge

des Orkans, einen Moment
Stille erfuhr,

wuchs

die Hoffnung aus ihr empor.

Genau dieser Moment,

sollte so sein,

und sieben Lichter

holten sie ein.

War sie die Herrin

in ihrem Leben?

Manchmal glaubte sie,

die Kostbarkeiten ihrer Seele,
sie werden nie gesehen.

Nur bunte Träume

gehören ihr.

Sie hütete sie wie ein Schatz,
und endlich führten

die sieben Lichter sie,

dorthin wo sie gesehen,

und heute

übersieht sie keiner mehr.

Ist sie die Herrin

in ihrem Leben?

Erinnerungen,

verirrt in die Seele?

Tobten herum, sahen sich

und waren auch viele,

wie ausgewechselt,

eine schien

wohl richtig zu sein.

Rosen schwebten

vom Seelenhimmel.

Doch niemand zu sehen,

nur ein Gefühl.

So verging

die Zeit mit den Jahren,

doch an der Uhr,

nie wieder gedreht.

Göttlicher Friede

in sanfter Seele,

breite dich aus im Übermaß
und

tragen die Rosen

auch viele Farben,

Liebe, ist keine Erinnerung.

Seelenland behütet!

Durch Grenzen

auch umzäunt?

Und wenn du fliegst

nach oben,

erkennst du noch dein Land?

Hältst dich fest

an Schwingen,

gleiten sie dich

darüber hinweg?

Und lässt dich dort nieder,

was zuvor du nie entdeckt?

Sprichst du

von deinem Land auch?

Und dort von deinem Tun?

Lass dich nie beirren!

Und sprich

von deinem Traum!

Erzähle aus deinem Gewässer,

und wie du dich auch fühlst.

Siehst du dich

auf fremden Boden?

Und ist es auch dein Traum?

Das Land in deiner Seele,

ist Grün und bunt bestellt?

Dein Ausflug ist gelungen,

die Sehnsucht ist gestillt.

Und wirst du einmal

älter sein, älter,

als du es heute bist.

Wirst du davon erzählen,

was du einst gefunden

und nie mehr

vergessen hast?

Er steht am Fenster

und schaut auf die Straße,

sein Blick ruht

auf dem kalten Asphalt.

Seine Hand gleitet

durch seine Haare,

seine Gedanken versinken,
ohne Halt.

Nichts

kommt wohl jemals wieder.

Keine Stunde,

und auch kein Tag.

Doch er fühlt immer wieder,

Erinnerung lebt in ihm.

Er steht am Fenster

und schaut auf die Straße.

Sie aber, schaut zu ihm.

Schemenhafte

Gefühlskartonagen,

ihr Blick findet zurück zu ihr
und seiner,

ist ihr nicht klar.

Es gab eine Zeit,

da sehnte sie sich.

Es gab eine Zeit,

sie wollte nur ihn.

Doch sein Tun erschreckte sie,

ob er es so fühlt,

ist ihr nicht klar.

Es gab eine Zeit,

da sehnte er sich.

Es gab eine Zeit,

nur sie war sein Glück.

Doch ihr Tun

vereinnahmte ihn,

fast fand er nie mehr zurück.

Und erinnern sie sich

an diese Zeit,

ist ihr Gefühl einfach Liebe.

Niemand,

ist der Nabel der Welt!

Doch, ein Jeder ist es wohl!

Manches

liest sich viel zu schnell,

und hören wir auch zu?

Niemand,

hat nur schlechte Tage!

Doch nur die Guten

addieren wir!

Manches

hören wir einfach im Gehen,

ungutes verlieren wir.

Was ich fühle, ist mir wichtig!

Was du fühlst,

sollte dir wichtig sein!

Wir können uns

darauf verlassen,

wir wissen,

wie wir zu leben haben!

Wir sehen

die Zeichen des Himmels!

Wir lesen sie in der Welt!

Wir erfreuen uns

an der Liebe!

Weil nur sie

alles zusammenhält!

An der Straße

nach Hellernwalde

steht ein Eiche, groß und alt.

Sie trägt eine grüne Krone
und in ihren Blättern

spielt der Wind.

Schon lange

steht der Baum am Wege,

Jahrhunderte,

ganz bestimmt.

Er trägt Eicheln,

jedes Jahr wieder,

sicher auch schon,

bevor der Asphalt kam.

Und als er fuhr

nach Hellernwalde,

stand eine Leiter

am Baum gelehnt.

So hielt er an

und als er schaute,

fand er nichts,

was ihr wohl fehlte.

Jedoch ihm, etwas Ruhe!

Stille, vielleicht sogar!

Dennoch

stieg er noch nicht

auf die Leiter

und ging ihre Stufen

dort empor.

Später, auf einem Ast,

da ruhte er aus!

Sah in die Ferne

und fühlte sich,

so stark wie die Eiche,

meinte er!

Und als er das fühlte,

erkannte er,

Pausen sind wichtig!

Wichtig fürs Leben!

Zeiger sie bewegen sich,

sie fühlt es anders,

nur für sich.

Ein Kreuz in der Nähe,

sie glaubt daran,

es ist größer, als das

was noch kommen kann.

Gefühlten Worte,

wahre Liebe?

Zeiger sie bewegen sich.

Doch dann erkennt sie

Widersprüche,

bei manchem Wort,

das sie durchdringt.

Seine Liebe, sie fühlte sie?

Seine Liebe,

sie fühlte sie nicht!

Fühlte oft Kummer,

seinen Schmerz!

Fühlte Wut

und nichts ist umsonst.

Doch welches Gefühl,

lies ihre Seele so hüpfen?

Welches Gefühl,

stillte die Sehnsucht in ihr?

Wer besuchte sie

an diesen Tagen?

Die Zeiger bewegen sich
und bleiben nicht stehen!
Sie schaut nach innen,
sie zieht sich zurück.
Sie geht nach vorn,
mit ihrem Gefühl!
Besinnt sich immer
auf ihre Weise,
doch geht dann wieder
auf eine Reise,
die ihrem Gefühl sonst
wohl fehlt.
Und so

fühlt sie sich noch stärker ,
sie fühlt die Liebe tief in sich,

ganz egal, wie er auch ist,

sie fühlt richtig,

nur er noch nicht.

Wolkenberge am Horizont,

bewegen sich

von hier nach da.

Kein Regen fällt ins Paradies,

die Welt braucht Liebe,

Glück, es ist erfinderisch.

Sonnenstrahlen

tanzen auf Nasen,

kitzeln

Sommersprossen wach.

Haut berührt, unzählige Male,

Wärme, Seelentief erfasst.

Die Welt,

sie braucht Geborgenheit,

Glück, ist das was innewohnt,
wenn die Seele wirklich lacht!

Silbern der Mond

seine Runden zieht,

sein Gesicht manchmal,

zeigt er es uns.

Erzählt ihm jemand

von seinen Träumen,

dann wohl nur Nachts.

Warum ist das so?

Die Welt,

sie braucht Träume!

Glück, ist das

was sich schmieden lässt!

Die Sterne der Nacht,

erzählen Geschichten.

Sind auch zwei Herzen

einmal getrennt,

nächtliches Funkeln

der Sterne am Himmel,

sagen wohl beiden,

ein Kind lebt in uns!

Gedanken,

suchen sie auch Worte

von Gestern,

Gefühle erzählen,

Morgen ist gut.

Die Welt, sie braucht dich
und

Glück ist teilbar,

weil es so noch größer wird.

Meereswogen, gleiten dahin,

wie Worte,

die nie gesprochen.

Und holt ein Sonnenstrahl

sie ein,

erhellen sie die Nacht.

Ein mancher spricht,

doch sagt er auch?

Er meint er tut es richtig?

Dabei macht er wohl

was er fühlt,

in jenem Augenblick.

Ist es egal? Ist es wichtig?

Das Meer bewegt

sich immer da.

Womöglich

sieht man es nie richtig,

doch,

es ändert sich vielleicht.

Das Leben ein Spiegel!

Nicht immer rund? Aber da!

Genügt ein Blick nur,

um zu verstehen,

welche Bedeutung

das für uns hat?

Ist unser Gefühl

der Maßstab dessen?

Bleiben wir stehen

und schauen hinein?

Weichen zurück,

sollte es uns treffen?

Erkennen wir, wer wir sind?

Silberfäden führen Träume,

Bilder bunt durchziehen sie.

Leuchten noch

bei aufgehender Sonne,

nichts zu spät,

auch nicht zu früh.

Träumten Seelen

sich des Nachts, in den Tag,

Seelenflügel, Glitzerstein.

Suchten nach Liebe,

vieles lag brach.

Silberfäden

führten Träume herbei.

Und war die Nacht,

dem Tag gewichen,

Seelen strahlten

wunderschön,

wie das schönste

Sonnenmärchen

hier auf Erden, nur

weil die Liebe war geschehen.

Liebeszeit, ein Lichtgeschenk!

Erwacht aus tiefem Schlaf.

Und in der Tiefe

wohnt ein Schatz,

kunterbunter Seelengrund,
du schenkst ihn her.

Liebeszeit, ein Lichtgeschenk!

Lass sie nicht vergehen!

Erwacht

aus einem tiefem Schlaf,

darfst du so vieles sehen.

Es liegt an dir,

an keinem sonst

wie du dich bewegst!

Und

tauchst du nur tief genug,

wird das Leben, Liebe sein!

Liebeszeit, ein Lichtgeschenk!

Dich

gibt es nur einmal

auf dieser Welt.

Du machst uns stark,

empfindsam zu gleich,

machst uns heil und ganz.

☼

Wenn etwas in dir stirbt,

spürst du vielleicht

die Angst zuerst.

Vergrabe sie nicht,

versuch zu begreifen.

Und verstehst

du irgendwann,

hast du deinen Mut gefunden.

Wenn etwas in dir stirbt,

weinst du vielleicht,

magst es nicht

wahrhaben wollen.

Doch sieh doch genau hin,

die Veränderung

hat schon begonnen!

Wenn etwas in dir stirbt,

vielleicht wird dir es fehlen.

Doch denke einfach daran,

so schaffst du

einen Ort für Neues!

Sternenstraßen, sonnenhell,

Himmel weit und groß,

weiße Wolken, Himmelblau,

er blickte

durch Fensterglas hinaus.

Gedanken gehen,

Gedanken finden,

Gedanken suchen ihn.

Nie hat er so tief empfunden,

bis das Herz

ihm fast zerbrach.

Ihre Seelenfarben, bunt, hell,

leuchtend zugleich,

strahlen

bis zu den Sternenstraßen,

welche es doch

zu geben scheint.

Und als er sich fand

im hellen Schein,

so war sein Herz

auch wieder heil.

Minutenspiel und die Zeit,

sie bindet eine Schleife.

Ein Stern am Firmament,
welcher in ihr Leben fiel.

Strahlend weit,

kurzer Schweif.

Prägnant war er,

so viel sie weiß.

Gebannt,

so schaute sie,

jedoch Leere im Gefühl.

Mond

erhellte diese Nacht,

ein Gedanke ging auf Reisen.

Wo kam der Stern wohl her?
Wohin wird der Stern

wohl reisen?

Ihr Gefühl,

es schlief wohl noch,

bis der Stern

vom Himmel hoch,

sie fand

in klarer Nacht.

Und

durch die Fensterscheibe

glitzernd, sah sie ihn,

am Himmel ziehen.

Sie sah ihm nach,

und ihr Gefühl,

erzählte ihr von Nichts.

Erloschen

war der Stern wohl dann,

doch als sie ein Gefühl bekam,

war es so,

als wäre es

der Stern von einst.

☼

Dunkelheit

schleicht durch die Zeit,

Licht versucht sie zu erhellen.

Worte hallen lauter wider,

obwohl sie leise sind erzählt.

So mancher

geht auf eine Reise

nach Irgendwo,

am Rand der Zeit.

Was nicht wichtig,

bleibt nun verborgen,

und was gebraucht,

wird heller sein.

Wenn Regen fällt,

weil Träume starben,

brechen Gefühle,

erst einmal entzwei.

Spülen sich frei,

durch unzählige Tropfen,

erspähen Mut, um doch

weiterzugehen.

Vielleicht

entstehen neue Träume ?

Vielleicht

werden es

keine anderen sein?

Fällt der Regen,

ist vieles möglich,

späte Erfüllung

ist auch dabei.

Manches Gefühl

noch nicht erkannt?

Morgen ist noch weit?

Schritte hörbar,

doch ganz sacht?

Mut braucht es, um zu sehen!

Der Sand am Meer,

ihn bringt die Welle!

Lichterglanz,

lebt in der Nacht!

Und am Horizont

zu jener Stunde,

ein Silberlicht erwacht.

Fensterscheiben, Tropfenglas.

Sonnenstrahlen

finden Wasser.

Niemand fragt,

was war denn das?

Manche Gedanken,

helle Spur,

festgehalten.

Warum denn nur?

Fensterscheibenwasserglas,

manchmal

warst du richtig nass.

Doch die Sonne

sie schien wieder,

und nichts bleibt zurück,

ich sehe sie nie wieder.

Fremde Gedanken,

sind nicht die deinen!

Fremde Gefühle,

berühren sie dich?

Das Lachen,

das viele so verzaubert,

folgst du ihm,

oder findet es dich?

Worte die wichtig,

sprichst du sie aus?

Hast du gelernt

Fragen zu stellen?

Antworten

schenkst du sie

gerade heraus?

Und wie oft fühlst du dich
wie ein kleines Kind?

Wie oft lebst du

deine Liebe aus?

Wie oft?

Fragtest du dich das schon?

Deine Gedanken,

werden deine Gefühle sein,

vielleicht nicht heute,

aber morgen.

Eine Seele im Eis

und er tanzte darauf.

Es brach

und er lernte schwimmen.

Er schwamm

mit den Schollen

im tiefen Meer,

bis die Seelensonne

ihn wärmte.

Und

durch seine Adern floss,

ungehindert Liebe.

Herzbefehl auszuführen,

in der Wüste weitem Land.

Sonne brannte

längst Schatten hinein.

Vieles schon verkannt.

Ein einziges Sandkorn,

was wäre mit ihm,

drehte sich der Wind?

Sein zu Hause,

wäre das Irgendwo,

in der Ferne ganz bestimmt.

Uralte Erinnerungen,

manchmal zeigten sie sich,

krabbelten aus dem Gepäck.

Doch ohne Angst,

nur mutig voran!

Irgendwo ist das Ziel!

Jetzt weißt du,

wie ein Sandkorn

zum anderen kam,

und in der Wüste

manch weites Land.

Mondlicht erzählt

in Silberfarben,

Seelen tanzen schleierlos.

Ihre Gefühle suchen Liebe,

finden

in nächtlicher Berührung
Trost.

Weiße Schleier

wehen des Nachts,

und naht der Tag,

erfinderisch?

Wunderbare Mondlichtreise,

Silberlicht Erinnerung?

Ihre Gefühle suchen Liebe,

hören,

was das Herz so spricht.

Weiße Schleier wehen weit,

Zeit, sie ist vergangen.

Silberfarben

auch am Tag,

erhellt die dunklen Farben.

Stille verbannt,

Träume singen,

Worte finden ins Außen.

Unverwundbar erklingen sie,
wie sie sich so meinen.

Was die Seele einst erzählte,

es ist wahr geworden.

Es ist groß und wunderbar,
stark und auch gefühlvoll.

Wo auch immer

sie wohl sind,

Liebesband erzählt.

Ihre Herzen nie wieder frei,

denn sie gehören sich.

Ist ihr Leben,

das sich Finden?

Ist es Vertrauen

in ihren Weg?

Dann werden sie wohl

auch verstehen,

das sie auch

getrennt

glücklich sind.

Die Träume von gestern,

wo sind sie hin?

Wohnte noch Angst in ihnen?

Vertrauen geboren,

doch zur Seite gelegt,

wartet darauf, zu leben.

Der Traum von Morgen,

wo finden wir ihn?

Sicher werden wir fühlen,

nichts ist zu schwer,

für den lieben Menschen,

den wir wirklich lieben.

Schweigt doch still!

Na kommt nun sprecht!

Seelen sehnen sich so sehr!

Nach Ruhe, Frieden,

Glück und

nach Liebe.

Es war leise, ja fast still,

so kam sie zu diesem Ort.

Dort, wo ein Teil

von ihr zu Hause war

und doch,

zog es sie von dort fort.

Nicht wissend,

was sie erwarten würde,

führten ihre Schritte

durch ein Tor.

Hier

war seine Welt zu Ende,

er stand nicht mehr davor.

In sich gekehrt,

stand sie nun da,

ein Schmerz

durchfuhr seine Seele.

Nicht wissend,

was sie noch

erwarten würde,

führten sie

ihre Schritte zurück

durch das Tor

und seine Welt in ihm,

war auf einmal, eine andere.

Sehend in ihre Welt,

fühlten sie den Neubeginn.

Sein Herz,

frei von falschem Spiel!

Das Lächeln

auf ihren Gesichtern erzählt,
Heilung ist geschehen.

Nicht wissend,

was sie noch

erwarten würde,

erleben sie so viel,

Schönes

und so Wunderbares,

mutig waren sie.

☼

Die meisten ihrer Tage,

Wünsche.

Das Beste ihrer Tage, ER.

Das Schönste ihrer Tage,

ihre Liebe.

Und würde sie heute

jemand fragen,

was hast du bisher bereut?

Vielleicht würde sie sagen,

in mancher Situation,

ihrem Gefühl

nicht vertraut zu haben.

Die meisten ihrer Tage, hell.

Das Beste ihrer Tage,

lebt mit ihr.

Das Schönste ihrer Tage,

kam vielleicht doch mal

ins wanken.

Und würde sie heute

jemand fragen,

was hast du bisher bereut?

Vielleicht würde sie sagen,

in manchem Augenblick

zu viel erzählt.

☼

Der Tag erwacht,

Gedankenbesuch.

Was kann schon geschehen?

Alles vorbei

und vor lauter Tränen,

nichts mehr zu sehen.

Eine Minute,

so lang wie ein Jahr.

Eine Stunde,

unendlich, doch wahr.

Gefühle überschäumend,

doch irgendwie anders.

Ein neuer Tag erwacht,

das Ungeliebte

nicht mehr da.

Als die Nacht,

den Tag begrüßt,

mit unzähligen Sternen

am Firmament,

schaut sie zum Himmel,

wie einst als Kind

und liegt im weichen Kissen.

Sie zählt die Sterne,

doch kommt nicht weit.

Lieben nie verlernt,

nur abgestreift.

Eine Minute

so schnell vergangen,

eine Stunde,

als wäre nichts geschehen.

Gefühle überschäumend,
Glück

fließt durch Adern.

Der Tag erwacht,

der geliebte Mensch

er ist da und er hält sie

immer wieder

in seinem Arm.

Deine Träume,

wer mag sie verbieten?

Wer sagt dir,

nichts von alle dem wird
wahr?

Steh zu dir,

zu deinem Gefühl!

Fühle dich

und bist du auch still,

deine Träume,

sie können leben!

Wenn du sie

wirklich willst

und das Leben

sie bejaht.

Dein Gefühl,

wer mag es ändern?

Wer sagt dir,

du fühlst gut oder falsch?

Steh zu dir,

zu deinen Träumen,

ganz egal, was ein anderer
für dich auch will!

Und triffst du den Einen,

den du um den Finger

winkeln kannst,

halt ihn fest für immer!

Wenn er es zulassen kann.

Deine Meinung,

wer mag sie wohl hören?

Wer sagt dir dann,

das meinst du nicht so?

Steh doch zu deinen Worten!

Doch wähle sie mit Bedacht.

Lerne dich kennen,

besser und besser.

Steh zu dir, zu deinem Tun,

und du wirst

in Frieden leben,

weil du, was du fühlst,

tust und sagst.

Das Dunkel der Nacht,

in hellen Noten.

Erst leise, mal laut,

ein Tanz dazu.

Sicher hält er sie

in seinen Armen,

sein Gesicht an das ihre

sacht geschmiegt.

Manchmal

legt sie ihren Kopf

auf seine Brust.

Macht sie sich kleiner,

wenn er sie führt?

Kerzenlicht,

Lied erklingt so schön.

Zwei Augenpaare

finden sich und

leise Worte, die er spricht.

Mach mich größer,

wenn du an uns glaubst.

Er hält sie fest

an sich geschmiegt und fühlt,

nur sie kann ihm

wirklich Liebe schenken,

damit er sich endlich

wieder fühlt.

Eng umschlungen

tanzen beide,

halten sich auch im Gefühl.

Doch sie ahnt,

wozu er nicht bereit ist.

Es ist zu früh,

und gar nicht wahr,

das er so fühlt.

Lehnt sie ihren Kopf

an seine Schulter,

ist sein Herz

im Freudensprung.

Sie blickt ihn von der Seite an

und fühlt

was sie denn wirklich will.

Sie und er und ein Gefühl,
Seite an Seite ein Leben lang.

Es sind die falsch

verstandenen Gesten,

die oft

in die Irre führen.

Es sind die

ungesagten Worte,

diese oft

das Herz beschweren.

Ein Schicksal

reist es durch

das Sternenmeer?

Irgendwann, im Irgendwo?

Gibt es ein Böse,

gibt es ein Gut?

Ist das Gefühl,

die Antwort schon?

Manch ein Tag, Stundenlast?

Manche Nächte

Tränen schwer?

Leises, stilles Mosaik

wann wechselt dein Gesicht?

Laute Farben, Sonnenkraft!

Das Dunkel

ist durchschritten.

So manche Bitte

erfüllt sich nun,

die so oft im Sternenmeer,
die Antwort suchte.

Mal laut, mal lauter,

auch still und leise,

gingen sie auf eine Reise,

die sie führte

zu ihrem Selbst.

Sie haben

ihren Weg gefunden!

Liebe.

Die Stille um uns,

sie wurde laut.

Räumte Berge

von Unwissen auf.

Drängte nach vorn,

immer mehr.

Irgendwann

hörten wir nichts mehr.

Nur unser eigenes Gefühl,

das sprach,

Liebe dich selbst

und du fühlst dich wohl.

Das Laute draußen,

es wurde leiser.

Es zerrte nicht mehr

an uns herum.

Begab sich wohl

auf eine Reise,

vielleicht aber auch wir,

also andersherum.

Ziellos rollte eine Murmel,

weg vom bunten Gläsermeer.

Auf einmal

war sie wohl verschwunden,

versteckte sich,

wie irgendwer.

Dunkel,

war die Murmelfarbe,

so war sie

nicht gleich gefunden.

In einer Ecke,

gleich hinter der Tür,

da lag die kleine Murmel,
doch keine weitere

gesellte sich zu ihr.

Angst stand

auf ihrer Stirn geschrieben,

ein Gefühl, das sie ergriff.

So schön wie die anderen,
wäre sie nun einmal nicht.

Doch am selben Tage noch,
entdeckte sie ein Kind!

Mit seinen

kleinen Fingerchen,
griff es nach ihr geschwind.

Es lief

mit großem Lachen nun,

durch die Zimmertür,

und rief zu aller Freude laut

"Schaut mal, die gehört mir!"

Und als das Kind

das laut gesagt,

da meinte eine Frau,

wie schön,

das du sie gefunden hast,

sie rollte mir davon.

Die Murmel nun

war beruhigt,

das sie war gefunden,

aus ihrer Angst

erwuchs Vertrauen,

sie war geliebt

wie alle anderen.

Denn sie fühlte,

das nur sie,

die vielen hellen Murmeln,

aus dem bunten Gläsermeer

erstrahlen lassen konnte.

Als dunklere Farben

durchs Leben gezogen,

das Bunte

von den Wänden fiel,

Gedanken sich kreuzten, Ge-
fühle weinten,

war nichts mehr,

wie es einmal war.

Als schwarz sich zeigte

und rot sich versteckte,

der Himmel blau

und nichts mehr bedeckte,

fühlte sie sich so allein.

Sie brauchte Zeit

um zu erkennen,

zu verstehen, sich selber noch.

Vielleicht sogar

brauchte sie den Menschen,
der für sie Hilfe war.

Und wenn sie

ihrem Gefühl so lauschte,

wusste sie, er ist nun da.

Fühlst du dich manchmal

wie aus der Zeit gefallen?

Werde erwachsen!

Hörtest du das schon?

Doch ist es das,

was wir wirklich möchten?

Das Kind in uns,

lebt doch bis

zum letzten Atemzug!

Manchmal glaubte ich,

er sei erwachsen geboren.

Fühlte er wirklich,

was Liebe ist?

Selten hörte ich ihn lachen,

doch er half mir gern

und ich war dankbar darum.

Und erinnere ich mich

an einen solchen Tag,

ich wäre ihm gern

mit meiner Hand

über sein Haar gefahren.

Manchmal glaubte ich,

er hätte vergessen,

das auch er ein Kind

einmal war.

Doch dann fiel mir auf,

sein schweres Schicksal

und ich holte

meine Worte wieder ein.

Ja, er erzählte von anderen,

von sich,

gab er nicht viel preis.

Und fragte ich ihn,

so winkte er ab,

er wollte wohl sagen,

ich fühle,

du würdest dann wieder
mit deiner Hand
über meine Haare fahren.
Manchmal glaubte ich,
sein Gefühl wusste mehr
als das meine,
oft
kam es mir in den Sinn.
Als Kind,
ich erinnere
mich gerade,
sein Rasierschaum
gab er mir auf die Nase
und ich lachte

gemeinsam mit ihm.

Dabei schaute er jedoch

in den Spiegel und ich,

ich schaute zu ihm.

Glaubte damals

an seine große Liebe,

so

konnte ich sie nicht

bei anderen fühlen.

Und wäre er

noch am Leben,

ich weiß es nicht genau,

vielleicht

würde ich es ihm sagen,

wenn du wüsstest,

wie gern ich es tun würde

noch einmal

mit meiner Hand

über dein Haar zu fahren,

doch nun ist es zu spät.

Von Marion Jana Goeritz ebenfalls beim Verlag BoD erschienen (BoD Books on Demand, Norderstedt, nähere Informationen finden Sie unter www.BoD.de)

„Liebe für die Seele Band 1"
ISBN 978-3-7357-4045-8

„Liebe für die Seele Band 2"
ISBN 978-3-7357-7734-8

„Seelenweiß"
ISBN 978-3-7347-5769-3

„Seelen essen Liebe gern"
ISBN 978-3-7347-8706-5

„SeelenEngel"
ein spiritueller Erfahrungsbericht
ISBN 978-3-7386-2588-2

„SeelenSchlüssel"
ISBH 978-3-7386-3844-8

„Seelenfarben"
ISBN 978-3-7386-3947-6

„Seelenschimmer"
ISBN 978-3-7386-4014-4

„Seelenfinden"
ISBN 978-3-7386-4037-3

„Ein Gefühl meiner Seele"
ISBN 978-3-7386-1506-7

„Seelenfrieden" Danken, Bitten, Ent-
spannung ein persönlicher Erfahrungs-
bericht
ISBN: 978-3-7386-4884-3

„Seelenweihnacht"
ISBN: 978-3-7386-5616-9

„Im Land unter dem Regenbogen"
Wunderbare Märchen und unglaubli-
che Geschichten
ISBN: 978-3-7392-0115-3

„Freddy und seine Geschichten"
ISBN: 978-3-7386-3321-4

„SeelenWorte"
ISBN: 978-3-7392-0455-0

"Herzanker"
ISBN: 978-3-7392-3482-3

"Im Fluss der Liebe"
ISBN: 978-3-7392-3489-2

"Seelenklänge"
ISBN: 978-3-7392-3532-5

"Liebeslied"
ISBN: 978-3-7392-3548-6

"Wahre Traumtänzerin"
ISBN: 978-3-7392-3556-1

"Emilia Sommerfeld"
ISBN: 978-3-7392-3787-9

"Für mich war es Liebe"
ISBN: 978-3-8423-5362-6

"Kaleidoskop"
ISBN: 978-3-8423-5738-9

"Die verzauberte Wiese"
ISBN: 978-3-7412-0772-3

"Seelenbrücke"
ISBN: 978-3-7412-0890-4

„Wetterleuchten"
ISBN: 978-3-7412-2740-0

„Zentrifuge"
ISBN: 978-3-7412-4011-9

„Für Dich"
ISBN: 978-3-7412-4018-8

„Hannos Geschichten"
ISBN: 978-3-7412-9373-3

„Das Eulenherz"
ISBN: 978-3-7431-0009-1

„Eine Reise irgendwo hin"
ISBH: 978-3-7421-0042-8

„Ist das wirklich wahr?"
ISBN: 978-3-7431-1549-1

„Stille Momente"
ISBN: 978-3-7431-1586-6

„Engelszwirn"
ISBN: 978-3-7431-1594-1

„Anders"
ISBN: 978-3-7448-3582-4

„Wenn es spricht"
ISBN: 978-3-7448-3583-1

„Jonas und die Himmelsleiter"
ISBN: 978-3-7448-5452-8

„Farbenregen"
ISBN: 978-3-7448-5453-5

„Wellenfarbe"
ISBN: 978-3-7448-7311-6

Blanchefleur
ISBN: 978-3-7448-7415-1

„Winterzauber"
ISBN: 978-3-7448-9885-0

„Seele was denkst du dir?"
ISBN: 978-3-7448-9937-6

"Der Südwind
der aus dem Norden kam"
ISBN: 978-3-7448-8206-4

"Erinnerungsblick"
ISBN: 978-3-7460-1281-0

„Mosaik" Gefühle und Gedanken
Gedichte
ISBN:978-3-7460-1320-6

„Begegnung"
ISBN: 978-3-7460-9595-0

„Sternenozean"
ISBN:978-3-7460-9685-8

„Himmelsstern"
ISBN: 978-3-7528-5012-3

„Mut verspricht Lebendigkeit"
ISBN: 978-3-7528-5071-0

„Liebeswort-Gedichte"
ISBN: 978-3-7528-6639-1

„Wenn Schiffe wandern"
ISBN: 978-3-7528-6655-1

„Bunte Federstriche" Gedichte
ISBN: 978-3-7481-0960-0

„Himmelblau und Sonnenreich"
Tierseelengeschichten
ISBN: 978-3-7481-3289-9

Weitere Informationen zu Neuerscheinungen finden Sie immer auf meiner Seite

www.buchkaleidoskop.Reikipraxis-Goeritz.de